Sean D'Arcy

freestyle

STRASSENFUSSBALL

TRICKS, FINTEN, PÄSSE

pietsch

Originally published in English by A&C Black Publishers Ltd under the title:
Freestyle Football Street Moves © Sean D'Arcy 2009
Einbandgestaltung: Luis dos Santos/Jocelyn Lucas/James Watson
Titelbild: April Ward
Bildnachweis: Das Bild auf S. 6 stammt vom Autor, alle anderen Bilder von April Ward.

Deutsche Fassung: Herrmann Leifeld

ISBN 978-3-613-50715-9

1. Auflage 2013

Sie finden uns im Internet unter www.pietsch-verlag.de

Lektorat: Steffi Gaede
Innengestaltung: James Watson/Satz: Jürgen Knopf, 74321 Bietigheim-Bissingen
Druck und Bindung: Kessler Druck und Medien, 86399 Bobingen
Printed in Germany

Dank und Anerkennung

Ein riesiges Dankeschön geht an all die Spieler, die ihre Zeit geopfert haben, um mir ihre Lieblingstricks zu zeigen, und vor allem an diejenigen, die hier im Buch zu sehen sind. Ohne ihre Begeisterung und ihr Talent hätte das Buch nie geschrieben werden können.

Ein wesentlicher Aspekt dieses Buches ist die Qualität der Bilder – dafür ein weiteres riesengroßes Dankeschön an April Ward. Sie hat eigentlich keinerlei Ahnung von Fußball, fängt aber in ihren fantastischen Fotos die Energie und Schönheit der Spielzüge ein, als wäre sie der größte Fußballfan.

Zum Schluss möchte ich meiner Familie – Ethel, Romany, Seamus und Saskia – danken, die es tagtäglich aushalten muss, dass ich dauernd über Fußball rede, Fußball anschaue, Fußball atme und darüber nachdenke. Danke!

Sean D'Arcy

Inhaltsverzeichnis

EXTRA JOSS

Einleitung

Hallo, ich heiße Sean D'Arcy und bin Freestyle-Fußballprofi und Straßenfußballer. Ich will euch ein paar Weltklassetricks zeigen, die aus euch Spieler machen, die alle beneiden werden.

Das Buch ist in drei Abschnitte unterteilt: Beinschüsse, Kunstpässe und Dribblings.

Beinschüsse, bei denen man einem anderen Spieler den Ball zwischen den Beinen hindurchschiebt, sind im Straßenfußball das Größte. Jeder freut sich, wenn ihm das gelingt, und ärgert sich, wenn er selbst getunnelt wird.

Einen Kunstpass spielt man, wenn man in einer brenzligen Situation steckt und zu ganz besonderen Mitteln greifen muss, um den Ball einem Mitspieler zuzuspielen.

Dribblings: Darum geht es eigentlich. Kann man einen Gegner nicht umspielen, dann muss man ihn stilvoll ausspielen.

Wer diese Tricks und Kniffe lernt, setzt seine kreativen Fähigkeiten frei und kann sein Können in allen möglichen Situationen unter Beweis stellen. Die besten Spieler der Welt haben ihre Fertigkeiten aus dem Straßenfußball entwickelt, ohne Anweisungen vom Trainer und ohne sich irgendwelche Gedanken über den Spielstand zu machen. Diese Spieler haben gelernt, Probleme selbst zu lösen, und sie hatten alle Zeit der Welt, um die Bewegungen und Tricks zu üben, mit denen sie den größten Erfolg hatten.

Das Schreiben dieses Buches hat unheimlich Spaß gemacht, und wenn ihr noch mehr Tipps braucht, dann schaut auf meine Webseite www.footballtricks.com.

Im Straßenfußball geht es darum, stilvoll, kreativ und mit Selbstvertrauen zu spielen. Deshalb ist es besser, jetzt die Einleitung zur Seite zu legen und mit den Tricks und Kniffen zu beginnen.

01

Beinschüsse

Jeder Beinschuss hat zwei Seiten. Er ist brillant, wenn man ihn selbst ausführt, und nicht ganz so brillant, wenn man ihn »erleiden« muss. Aber darum ist er ja gerade so wunderbar. Auf den folgenden Seiten findet ihr meine schönsten Tunneltricks. Ich habe das Kapitel in zwei Abschnitte unterteilt: Beinschüsse mit dem Gesicht zum Verteidiger und Beinschüsse mit dem Rücken zu ihm.

Gesicht zum Verteidiger

FUSE

Der Fuse begeistert mich, seit ich ihn zum ersten Mal gesehen habe. Um ehrlich zu sein – ich habe ihn bestimmt so oft einstecken müssen, wie ich ihn ausgeteilt habe.

Schritt 1

Den linken Fuß über den vor dem Körper ruhenden Ball führen.

Schritt 2

Den Ball leicht mit dem rechten Innenrist antippen, sodass er nach rechts vorn rollt.

Geheimnis

Je langsamer die beiden ersten Schritte erfolgen, desto wahrscheinlicher klappt der Beinschuss.

Tipp

In Schritt 1 muss der linke Fuß so aufgesetzt werden, dass in Schritt 2 ausreichend Platz für den Ball ist.

Schritt 3

Dem Gegner den Ball mit dem linken Außenrist durch die Beine schieben.

Variante

Diese Variante verleiht dem an sich schon eleganten Trick noch etwas mehr Stil. In Schritt 3 den Ball mit der linken Schuhsohle für den Bruchteil einer Sekunde stoppen, dann den Verteidiger tunneln und in einer Drehbewegung umrunden.

Häufiges Problem

Ich treffe immer den am nächsten stehenden Fuß des Verteidigers.

Das passiert, wenn der Ball in Schritt 2 nur nach vorn und nicht nach rechts geschoben wird.

ZOOM ZOOM

Ich liebe den Zoom Zoom! Der Verteidiger sieht ihn zwar kommen, kann ihn aber nicht verhindern.

Schritt 1

Am besten liegt der Ball zu Beginn nahe beim rechten Fuß. Den Ball mit dem rechten Innenrist vor dem Körper nach links spielen.

Schritt 2

Kurz nach links springen und den Ball mit dem linken Innenrist wieder zurückspielen.

Tipp

Der Ball muss in Schritt 1 so weit rollen, dass der Verteidiger denkt, du läufst wirklich in diese Richtung, und mit einem Schritt nach rechts die Beine öffnet.

Schritt 3

Dem Gegner den Ball mit dem rechten Innenrist durch die Beine schieben.

Variante

Die Abwandlung ist nicht sehr groß, lässt den Trick aber ganz anders aussehen. In Schritt 1 den Ball mit der rechten Schuhsohle vor den Körper führen. Das sieht dann so aus, als ob du dich gleichzeitig nach links und nach rechts bewegst, und bringt den Verteidiger völlig aus dem Konzept.

Geheimnis

Leicht hochspringen – nur um anzutäuschen, dass du nach links willst.

Häufiges Problem

Ich treffe beim Tunnelversuch immer den rechten Fuß des Verteidigers.

Du vergisst den kurzen Sprung in Schritt 2, sodass der Ball nicht weit genug rollt, damit der Verteidiger die Beine spreizt.

BANG BANG

Der Bang Bang ist ein ungewöhnlicher Beinschuss, weil der Verteidiger dabei nicht hereingelegt wird, sondern der Ball einfach zu schnell für ihn gespielt wird.

Schritt 1

Der Ball liegt nahe am linken Innenrist.

Tipp

In Schritt 1 kommt es auf Schnelligkeit an – der Ball muss schneller sein als die Beine des Verteidigers.

Schritt 2

Den Ball mit dem linken Innenrist nach rechts vorn spielen.

Schritt 3

Dem Gegner den Ball mit dem rechten Innenrist durch die Beine schieben.

Variante

Hier kommt meine bevorzugte Spielweise. Ganz zu Anfang einen Übersteiger mit rechts machen, den rechten Fuß aber nicht aufsetzen. Jetzt in Schritt 2 den Ball im Sprung mit dem linken Innenrist spielen. Der Verteidiger wird von dem Sprung völlig überrascht, sodass genügend Zeit für Schritt 3 bleibt, bevor er reagieren kann. Ich muss lachen, wenn ich nur daran denke ...

Geheimnis

Am Anfang muss der Ball ganz nahe am linken Innenrist liegen – der Verteidiger hat dann weniger Zeit zu reagieren.

Häufiges Problem

„Ich treffe immer den rechten Fuß des Verteidigers."

Beim Bang Bang kommt es darauf an, den Ball in die richtige Position für den Beinschuss zu bringen. Du spielst den Ball in Schritt 2 nicht weit genug, um ihn dem Gegner in Schritt 3 durch die Beine schieben zu können.

PUSH-PULL

Ich falle auf diesen Trick immer wieder herein. Weil der Ball so nahe liegt, will man ihn einfach zu sich holen, aber sobald das geschieht, ist alles aus.

Schritt 1

Den Ball mit dem rechten Innenrist nach vorn links spielen, sodass er dem Fuß des Verteidigers sehr nahe kommt.

Tipp

Je weiter du den Ball in Schritt 1 spielst, desto besser.

Schritt 2

Den Ball mit dem rechten Fuß stoppen und an den Ausgangspunkt zurückholen.

Schritt 3

Jetzt dem Gegner den Ball mit dem rechten Innenrist durch die Beine schieben.

Variante

Ich habe diese Variante nur einmal gesehen, und sie war so perfekt, dass ich sie einfach vorstellen muss. Der Spieler machte den Push-Pull zum rechten Fuß des Verteidigers, aber statt den Beinschuss anzubringen, machte er den Trick noch einmal zum linken Fuß des Verteidigers. Ich glaube, man kann sich vorstellen, was als nächstes geschah – der Spieler konnte seinen Gegner gerade noch tunneln, bevor der flach auf den Rücken fiel.

Häufiges Problem

Es klappt einfach nicht.

Dafür gibt es zwei Gründe: Du bist so schnell, dass dem Verteidiger zum Bewegen seines Fußes keine Zeit bleibt, bevor du den Ball zurückziehst. Oder du stoppst den Ball zu früh. Dann versucht der Verteidiger gar nicht erst, sich den Ball zu holen.

DAS L

Das ist der erste Beinschuss, den ich einstecken musste, und ich hatte es in dem Moment gar nicht mitgekriegt. Leider kann ich mich deutlich daran erinnern, wie mein Bruder mich auslachte, während er mit dem Ball davonlief.

Schritt 1

Der Ball liegt rechts von dir.

Schritt 2

Den Ball mit dem rechten Innenrist vor dem Körper nach links spielen.

Tipp

Je größer die Strecke, desto besser.

Schritt 3

Dem Gegner den Ball mit dem rechten Außenrist durch die Beine schieben.

Variante

Bei dieser Abwandlung wird einfach alles umgedreht. In Schritt 2 wird der Ball mit dem Außenrist nach rechts vom Körper weggespielt und in Schritt 3 mit dem Innenrist getunnelt.

Geheimnis

Man braucht für diesen Beinschuss gar nicht so nahe beim Verteidiger zu stehen.

Häufiges Problem

Der Ball bleibt immer am Verteidiger hängen.

Du bist in Schritt 2 zu schnell, sodass der Verteidiger keine Zeit für den einen Schritt hat, den du brauchst, um ihn tunneln zu können.

TOP OF THE WORLD

Dieser Beinschuss hat mich fast umgehauen, als ich ihn zum ersten Mal sah. Ein großartiger Trick, bei dem man sich aber auch leicht den Knöchel verstauchen oder brechen kann.

Schritt 1

Mit beiden Beinen auf den Ball springen und den Körper ausbalancieren.

Tipp

Das Balancieren auf dem Ball übt man besser auf Gras, damit ein Sturz nicht so weh tut. Es ist leichter, wenn der Ball nicht so stramm aufgepumpt ist.

Schritt 2

Abspringen und den Ball mit der rechten Schuhsohle nach rechts rollen.

Schritt 3

Dem Gegner den Ball mit dem rechten Innenrist durch die Beine schieben.

Variante

Diese Variante ist ziemlich fies. Dreh dich in Schritt 1 auf dem Ball kurz nach links oder rechts und dann vor dem Beinschuss wieder zur Mitte. Das macht den Verteidiger ziemlich nervös.

Geheimnis

Das Geheimnis liegt im zeitlichen Ablauf – du darfst erst dann vom Ball springen, wenn der Verteidiger ihn wegzuschlagen versucht.

Häufiges Problem

Ich springe nie schnell genug vom Ball.

Du musst in dem Augenblick abspringen, in dem der Verteidiger sich zu bewegen beginnt.

PUSHER

Wenn der Pusher richtig ausgeführt wird, weiß der Verteidiger, dass ein Trick bevorsteht. Verhindern kann er ihn aber nicht. Einfach brillant!

Schritt 1

Den Ball mit dem rechten Innenrist nach vorn links spielen und mit der rechten Schuhsohle stoppen.

Tipp

Schritt 1 darf nicht zu schnell ausgeführt werden – er dient nur dazu, den Verteidiger für den Beinschuss »vorzubereiten«.

Schritt 2

Den linken Fuß in einem kurzen Hüpfer neben den Ball setzen.

Schritt 3

Schritt 1 und 2 wiederholen, jetzt aber den Fuß nicht neben dem Ball aufsetzen, sondern mit dem linken Innenrist den Beinschuss anbringen.

Variante

Diese Variante ist etwas so Besonderes, dass man sie sich für die richtige Gelegenheit aufheben muss. Schritt 1 und 2 bleiben gleich, aber in Schritt 3 springt man nicht mit links ab, sondern rollt den Ball mit der rechten Schuhsohle zwischen den Beinen des Gegners hindurch, während man sich um ihn herumdreht.

Geheimnis

Den Ball in Schritt 1 nicht so nahe an den Verteidiger heranbringen. Er soll nicht auf die Idee kommen anzugreifen.

Häufiges Problem

Ich komme nie zu Schritt 3.

Du spielst den Ball in Schritt 1 zu weit nach vorn, sodass der Verteidiger die Beine schon öffnet, bevor du bereit bist. Weil du den Ball zweimal spielst, musst du die Strecke halbieren.

Rücken zum Verteidiger

JOHAN

Wenn es so etwas wie den klassischen Beinschuss im Straßenfußball gibt, dann ist es dieser hier. Simpel, aber schön.

Schritt 1

Der rechte Fuß ruht auf dem Ball.

Schritt 2

Den Ball hinter das linke Bein rollen.

Tipp

Schritt 2 und 3 müssen sehr schnell erfolgen, bevor der Verteidiger reagieren kann.

Häufiges Problem

„Ich treffe immer den hinteren Fuß des Verteidigers."

In Schritt 3 rollt der Ball beim Tunneln vorwärts um die andere Beinseite herum. Du schießt den Ball seitwärts, sodass er gegen den hinteren Fuß prallt.

Schritt 3

Dem Gegner den Ball mit dem rechten Innenrist durch die Beine schieben.

Variante

Statt in Schritt 3 den Ball mit dem rechten Innenrist zu spielen, schiebt man ihn leicht vorwärts und stoppt ihn mit dem rechten Außenrist. Wenn sich der Verteidiger bewegt, schiebt man ihm den Ball mit der rechten Spitze durch die Beine.

Geheimnis

Der Körper muss den Ball abdecken, sodass der Verteidiger ihn nicht sehen kann, wenn er in Schritt 2 nach hinten gespielt wird.

HOLD'EM HOP

Der Hold'em Hop stammt direkt aus dem Futsal (dem offiziellen FIFA-Hallenfußball mit einem schwereren, sprungreduzierten Ball), gehört aber auch auf der Straße mittlerweile zu den beliebtesten Tricks.

Schritt 1

Der rechte Fuß ruht auf dem Ball.

Schritt 2

Den rechten Fuß auf dem Ball lassen. Links abspringen und um 180 Grad drehen.

Tipp

In Schritt 2 beim Sprung die Arme herumschwingen, um den Verteidiger zu verwirren.

Schritt 3

Vor der Landung dem Verteidiger den Ball mit der rechten Schuhsohle durch die Beine schieben.

Variante

Man könnte diese Variante auch als Doppeltunnel bezeichnen. Statt in Schritt 2 hochzuspringen, den Ball direkt zum linken Innenrist spielen. Jetzt über den Ball steigen und ihn durch die Beine rollen lassen – dann den Verteidiger tunneln. Ein schöner Trick und kaum abzuwehren.

Geheimnis

Für den Sprung in Schritt 2 brauchst du Platz und musst deshalb vorher ein paar Schritte rückwärts zum Verteidiger machen.

Häufiges Problem

Der Ball rollt immer gegen den Fuß des Verteidigers und nie sauber durch die Beine.

Das liegt daran, dass du in Schritt 3 den Ball in die Richtung des Sprungs spielst und dich nicht darauf konzentrierst, ihn durch die Beine zu bekommen.

TWISTER

Ein relativ leichter Beinschuss. Er klappt sehr gut, wenn du auf den Ball zuläufst und von einem Verteidiger verfolgt wirst.

Schritt 1

Mit rechts über den Ball steigen und den Fuß auf der anderen Seite mit dem Außenrist direkt neben dem Ball aufsetzen.

Schritt 2

Zum Verteidiger umdrehen.

Tipp

Wenn du über den Ball steigst, muss es aussehen, als ob du dem Verteidiger davonlaufen willst.

Schritt 3

Dem Verteidiger den Ball mit dem rechten Außenrist durch die Beine schieben.

Variante

Eine tolle Abwandlung: In Schritt 1 einen Übersteiger machen, den rechten Fuß aber auf den Ball setzen. Dann zum Verteidiger umdrehen und ihm den Ball einfach mit der Schuhsohle durch die Beine schieben.

Geheimnis

Das Tunneln erfolgt in einer kurzen, schnellen Bewegung. Der Fuß muss sich in Schritt 1 ganz nahe am Ball befinden.

Häufiges Problem

Der Ball springt immer hoch und bleibt am Verteidiger hängen.

Du schiebst in Schritt 3 den Fuß unter den Ball, und dadurch fliegt er hoch. Verlagere beim Umdrehen das Gewicht etwas mehr auf die Ferse.

ZIGZAG

Dies ist einer der beliebtesten Tricks eines Freundes. Ich kann glücklicherweise abschätzen, wann er ihn versucht, sodass er mich damit bislang nicht ausspielen konnte.

Schritt 1

Mit der rechten Schuhsohle den Ball rückwärts zum linken Innenrist rollen.

Tipp

Dieser Trick darf nicht zu schnell durchgeführt werden. Er funktioniert auch langsam sehr gut, weil der Verteidiger den Ball nicht sieht und durch den Sprung überrascht wird.

Schritt 2

Leicht mit links abspringen und den Ball mit dem linken Innenrist nach rechts schieben.

Häufiges Problem

Den letzten Schritt mit dem rechten Innenrist schaffe ich einfach nicht.

Der Sprung in Schritt 2 dient nur dazu, die Position des Balls zu ändern, und braucht nicht schnell zu erfolgen. Nur ganz leicht hochspringen und den Ball hinüberschieben.

Schritt 3

Den Gegner mit dem rechten Innenrist tunneln.

Variante

Abgesehen davon, dass diese Variante großartig aussieht, wendet man sie besser dann an, wenn hinter dem Verteidiger weniger Platz ist; der Ball ist nämlich langsamer. Statt mit dem rechten Innenrist wird der Verteidiger in Schritt 3 mit der Schuhsohle getunnelt.

Geheimnis

Der rechte Fuß muss bis nach dem Beinschuss die ganze Zeit in der Luft bleiben.

C.U.

Das ist mein derzeit beliebtester Beinschuss. Er heißt so, weil ein Freund von mir dabei einmal völlig grundlos »See you« schrie. Das war so lustig, dass das zum Namen wurde.

Schritt 1

Mit dem rechten Fuß auf dem Ball mit links abspringen. Im Sprung zum Verteidiger umdrehen.

Schritt 2

Den Ball mit dem rechten zum linken Fuß ziehen.

Tipp

Die Schritte beim C.U. müssen schnell erfolgen, bevor der Verteidiger reagieren kann.

Schritt 3

Den Verteidiger mit dem linken Außenrist tunneln. Behalte deinen linken Fuß die ganze Zeit in der Luft.

Variante

Bei dieser wunderbaren Variante ändert sich sogar der Laufweg um den Verteidiger herum. Diesmal in Schritt 1 hochspringen und den Ball möglichst weit rollen lassen, bevor er dem Verteidiger mit dem linken Innenrist durch die Beine geschoben wird. Der Verteidiger soll reagieren und einen Schritt zum Ball machen, bevor der Beinschuss erfolgt.

Geheimnis

Spring nicht zu hoch, sonst wird es schwierig, das Gleichgewicht zu halten.

Häufiges Problem

Der Verteidiger schafft es nach dem Beinschuss immer, zwischen mich und den Ball zu kommen.

Das passiert, wenn der Ball in Schritt 2 nur nach vorn und nicht noch nach rechts geschoben wird.

ANNAP

Das ist der ultimative Beinschuss, bei dem der Ball sogar zu dir zurückkommt. Einfach klasse!

Schritt 1

Mit der rechten Schuhsohle den Ball rückwärts am linken Fuß und am Verteidiger vorbeischieben.

Tipp

Mach das nicht mit jemandem, der dir Geld schuldet, denn du wirst es danach nie mehr zurückbekommen.

Schritt 2

Den Verteidiger fernhalten und den Ball mit links stoppen.

Schritt 3

Umdrehen und dem Gegner den Ball mit der linken Schuhsohle durch die Beine schieben.

Variante

Wenn dies der ultimative Beinschuss ist, kann man ja wohl keine bessere Variante erwarten!

Geheimnis

Es ist wichtig, dass der Verteidiger in Schritt 1 und 2 den Ball nicht sehen kann. Du musst ihn mit dem Körper abdecken.

Häufiges Problem

Der Verteidiger nimmt mir immer den Ball ab, bevor ich ihn tunneln kann.

Du musst darauf achten, dass der Verteidiger den Ball nicht sieht, bevor du den Beinschuss versuchst.

GLUE FOOT

Eine Augenweide und bei richtiger Ausführung nicht zu verhindern!

Schritt 1

Mit dem rechten Innenrist einen Pass antäuschen, den Ball aber nur leicht berühren.

Tipp
Der Ball darf nicht zu schnell werden, damit er am Fuß bleibt.

Schritt 2

Den Ball mit dem rechten Innenrist in einem Bogen führen und den Körper drehen, bis du dem Verteidiger nahezu frontal gegenüberstehst.

Schritt 3

Den Bogen fortführen und den Gegner mit dem rechten Innenrist tunneln.

Variante

Dies ist einer der Tricks, bei denen ich mich als Verteidiger kaum davon abhalten kann, auf den Ball zu gehen. In Schritt 2 den Ball in einem größeren Bogen führen und vor dem Verteidiger mit der rechten Schuhsohle stoppen. Sobald sich der Verteidiger bewegt, wird er mit der rechten Schuhsohle getunnelt.

Geheimnis

Der Glue Foot klappt nur, wenn der Verteidiger überzeugt ist, dass ein Pass gespielt werden soll – der angetäuschte Pass ist das Geheimnis.

Häufiges Problem

Der Ball rollt immer gegen den hinteren Fuß des Verteidigers und manchmal überhaupt nicht durch die Beine.

Du spielst den Ball zu schnell, sodass er außer Kontrolle gerät, wenn du den Beinschuss machen willst.

02

Kunstpässe

Einen Kunstpass braucht man, um sich aus einer Zwickmühle zu befreien. Der Verteidiger weiß, dass du abspielen musst, und deshalb musst du ihn darüber im Unklaren lassen, wohin der Ball fliegen wird. Wer denkt schneller – du oder der Verteidiger?

HENRY

Dieser Trick ist benannt nach dem französischen Nationalspieler Thiery Henry, der ihn in seiner Zeit bei Arsenal London als erster in einem Meisterschaftsspiel anwandte. Er brachte ein wenig Straßenfußball in die englische Premier League.

Tipp

Bei den ersten Versuchen den Ball möglichst nicht zu hart treten. Es kann schnell passieren, dass man auf den Ball tritt und sich verletzt.

Schritt 1

An den Ball herangehen, als ob er mit rechts gespielt werden soll.

Schritt 2

Beim Aufsetzen des linken Beins den Ball mit dem linken Innenrist seitwärts spielen.

Schritt 3

Das rechte Bein durchschwingen, ohne den Ball zu treffen.

Variante

In Schritt 2 den Ball nicht mit dem linken Innenrist seitwärts, sondern mit der Fußspitze nach vorn spielen. Diese Variante eignet sich auch für einen Strafstoß. Großartig, wenn er im Tor landet, aber äußerst peinlich, wenn er genau den Torwart trifft.

Geheimnis

In Schritt 3 das rechte Beim langsam durchschwingen, weil sonst die Gefahr besteht, doch noch den Ball zu treffen.

Häufiges Problem

Ich mache immer einen echt unbeholfenen Eindruck, und der Trick klappt auch nur manchmal.

Das Schwierige ist, dass man das Gefühl hat, den linken Fuß an der falschen Stelle aufzusetzen, aber das gibt sich umso schneller, je mehr man übt. Ich stelle mir immer vor, ich würde mit rechts einen unsichtbaren Ball neben dem echten treten.

AROUND THE CORNER

Das war der erste Kunstpass, den ich gelernt habe, und aus irgendeinem dummen Grund kann ich den Ball mit meinem schwächeren Fuß fast doppelt so weit und genau schießen.

Tipp

Der Pass wird genauer, wenn man ihn mit dem rechten Spann spielt. Man kann ihn auch mit der Spitze spielen, aber dann ist die Bahn des Balls schwerer zu kontrollieren.

Schritt 1

An den Ball herangehen, als ob mit links ein langer Pass gespielt werden soll.

Schritt 2

Den linken Fuß mit dem Außenrist zum Ball aufsetzen.

Schritt 3

Den rechten Fuß hinten um den linken herumführen und damit den Ball spielen.

Variante

Wie vorher, diesmal aber hochspringen und den Ball volley aus der Luft nehmen. Das sieht fantastisch aus und täuscht garantiert jeden Verteidiger.

Geheimnis

Ruhig bleiben und den Pass langsam ausführen. Je schneller der Pass ausgeführt wird, desto eher kann der Verteidiger ihn abfangen.

Häufiges Problem

Ich treffe den Ball kaum einmal und trete mir nur gegen die linke Wade.

Achte in Schritt 2 darauf, dass der Ball näher an der linken Ferse als an der Spitze liegt. So triffst du ihn, ohne dich selbst zu treten.

DB

Jay Jay Okocha, der brillante nigerianische Nationalspieler, zeigte diesen erstaunlichen Trick einige Male in seiner Zeit bei Eintracht Frankfurt und bei den Bolton Wanderers in England.

Schritt 1

In einem großen Schritt den linken Fuß direkt vor den Ball setzen.

Schritt 2

Den Ball mit der rechten Fußspitze leicht anheben.

Tipp

Den Ball in Schritt 2 nicht hochheben. Er muss knapp über dem Boden bleiben.

Schritt 3

Den linken Fuß zurückschnellen lassen und den Ball mit der Ferse nach oben schlagen.

Variante

Diese Variante kann man nutzen, wenn der Pass über eine kürzere Distanz erfolgen soll. In Schritt 2 den Ball nicht anheben, sondern ihn mit dem rechten Fuß (näher zur Ferse hin) gegen die linke Ferse »schmettern«. Dieses Mal prallt der Ball wie ein Querschläger von der Ferse ab.

Geheimnis

In Schritt 1 muss dein linker Fuß weit genug vorn aufgesetzt werden. So ist dahinter genug Platz, damit die Ferse beim Zurückschnellen ausreichend Kraft erzeugen kann.

Häufiges Problem

„Der Ball verheddert sich zwischen meinen Füßen."

Das kann zwei Ursachen haben. Erstens könntest du den Ball beim Anheben in Schritt 2 nach vorn gedrückt haben, sodass er nicht mit der Ferse, sondern mit der Wade getroffen wird. Zweitens könnte der Schritt über den Ball in Schritt 1 nicht groß genug gewesen sein.

CANNON

Ich habe tatsächlich gesehen, wie ein Verteidiger bei der Weltmeisterschaft den Ball auf diese Weise spielte, als zwei Angreifer sich schon fast sicher waren, sie bekämen ihn. Das nenne ich unter Druck cool bleiben.

Tipp

Je weiter der Ball in Schritt 1 vom Körper entfernt ist, desto weiter kann man den Pass schlagen.

Schritt 1

Den rechten Fuß auf den Ball setzen.

Schritt 2

Den Ball zurück an den linken Innenrist ziehen.

Häufiges Problem

Manchmal steigt der Ball hoch.

Das passiert, wenn du den Ball zu schnell ziehst, sodass er im Augenblick des Hochspringens auf den Fuß trifft.

Schritt 3

Mit dem linken Bein abspringen und den Ball mit dem Innenrist abspielen.

Variante

Diese Variante ist für den Fall bestimmt, dass du auf engem Raum den Ball schneller abspielen musst. Statt den Ball mit der Sohle zu rollen, spielst du ihn mit der rechten Ferse zum linken Innenrist.

Geheimnis

Die Kraft kommt aus dem Sprung – du brauchst den Ball nicht schnell nach hinten zu ziehen.

HEEL LOB

Dieser Pass bietet eine eindrucksvolle Möglichkeit, den Ball abzuspielen, wenn man eng gedeckt wird und keinen Platz hat. Ich habe mehr als einmal versucht, mir den Ball von hinten zu holen, und ihn dabei voll ins Gesicht bekommen.

Schritt 1

Den Ball zwischen die Füße klemmen.

Häufiges Problem

Ich bekomme den Ball einfach nicht hoch in die Luft.

Du musst in Schritt 2 das Knie höher anziehen, damit der Ball höher kommt, sodass du ihn leichter mit der Ferse triffst.

Schritt 2

Schnell das rechte Knie anziehen, damit der Ball hochkommt.

Tipp

Je schneller du das Knie anziehst, desto höher kommt der Ball.

Schritt 3

Den Ball mit der rechten Ferse nach oben schießen.

Variante

Es ist schwierig, diese Variante akkurat auszuführen, aber sie ist spektakulär, wenn sie klappt. Schritt 1 und 2 bleiben unverändert, aber in Schritt 3 setzt man das rechte Bein weit nach vorn und spielt den Ball unmittelbar nach dem Aufspringen mit der linken Ferse.

Geheimnis

Bei diesem Trick braucht man nicht superschnell zu sein – es reicht, wenn die Schritte reibungslos hintereinander erfolgen.

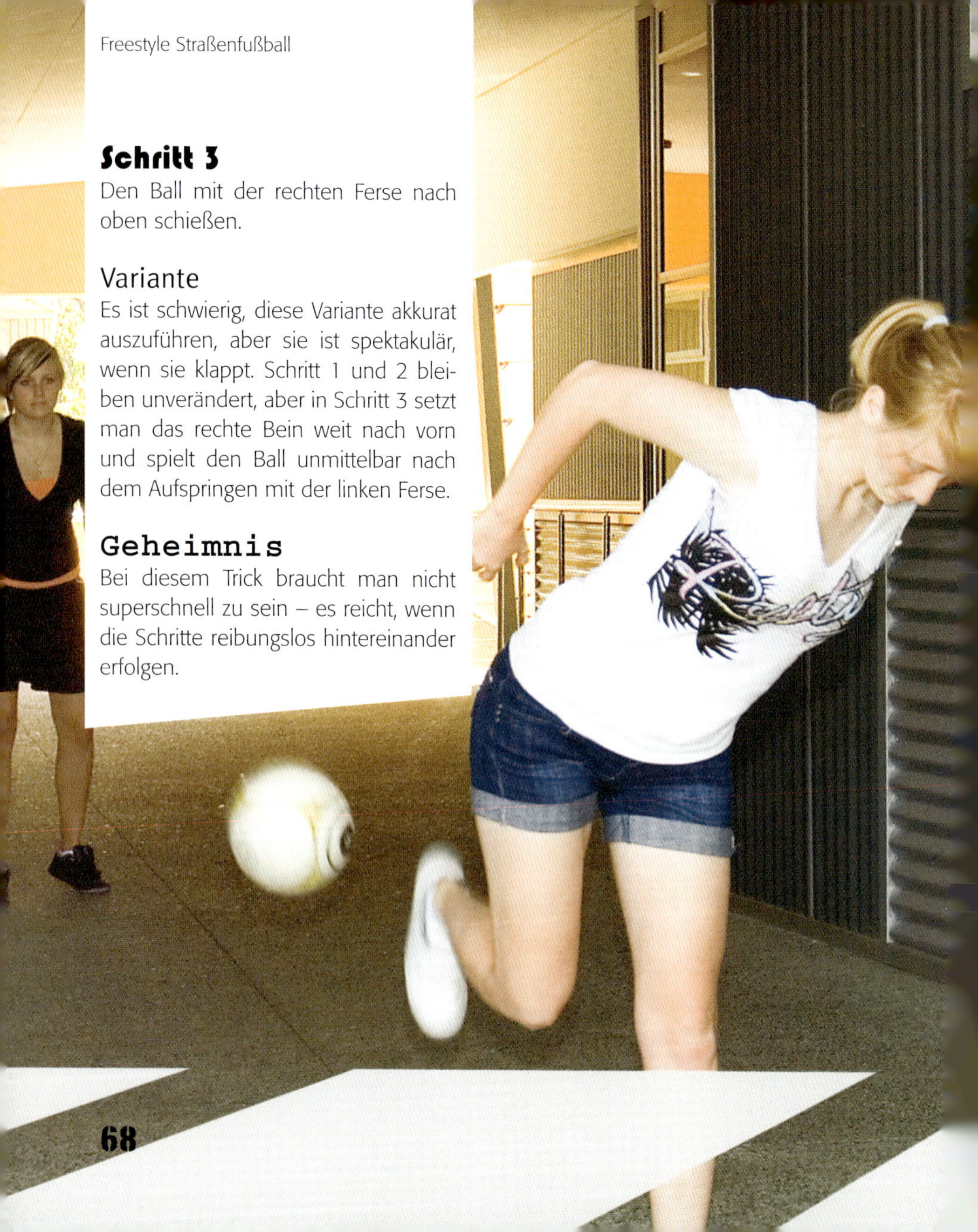

AIR SWING

Wenn dieser Pass richtig ausgeführt wird, passieren zwei Dinge – der Verteidiger blickt verwirrt drein, und du hast ein Grinsen im Gesicht. Da der Trick voraussetzt, dass der Ball geflogen kommt, liegt es an dir, den richtigen Zeitpunkt zu wählen.

Schritt 1

Den linken Fuß etwas links von der Stelle platzieren, an der der Ball aufsetzen wird.

Schritt 2

Einen Volleyschuss antäuschen, das rechte Bein aber stattdessen über den Ball schwingen.

Tipp

In Schritt 2 das Bein ganz langsam schwingen, um nicht den Ball zu treffen.

Schritt 3

Den Ball vom linken Fuß nach rechts abprallen lassen.

Variante

Zur Abwechslung kannst du dem Verteidiger den Ball auch volley über den Kopf schießen. Dafür muss der Verteidiger allerdings weit genug entfernt sein. Schritt 1 und 2 bleiben gleich, aber in Schritt 3 springt man mit links ab und nimmt den Ball mit links volley aus der Luft.

Geheimnis

Das Schwierigste am Air Swing ist Schritt 1. Übe ihn in der Lernphase am besten ohne den nachfolgenden Schritt 2.

Häufiges Problem

Der Ball fliegt immer direkt zum Verteidiger.

Einfache Lösung: Du platzierst in Schritt 1 den Fuß genau an der Stelle, an der der Ball aufsetzt, sodass er nicht nach rechts, sondern nach vorn abprallt.

POP

Ein simpler, eleganter Trick, von dem sich auch der beste Verteidiger täuschen lässt.

Schritt 1

Der Ball liegt vor deinem rechten Fuß. Eine Körperhaltung einnehmen, als ob der Ball mit dem rechten Innenrist nach links gespielt werden soll.

Schritt 2

Den Ball mit dem rechten Innenrist vor dem Körper nach links spielen.

Tipp

Wenn du in Schritt 2 nach links blickst, kommt der Verteidiger völlig durcheinander.

Schritt 3

Mit dem linken Bein abspringen und den Ball mit dem linken Innenrist nach rechts schlagen.

Variante

Eine außergewöhnliche Abwandlung! Statt in Schritt 1 einen Pass anzutäuschen, trittst du mit rechts nach vorn über den Ball und drehst dich um. Als nächstes den Ball leicht mit der rechten Ferse spielen, links abspringen und den Ball mit der linken Ferse treten. Das sieht erstaunlich aus, funktioniert aber nur, wenn der Ball beim ersten Mal nicht zu hart getreten wird.

Geheimnis

Der Ball muss zu Beginn rechts außen liegen. Je länger sein Weg in Schritt 2 ist, desto schwerer hat es der Verteidiger.

Häufiges Problem

Der Ball rollt immer nach vorn und trifft den Verteidiger.

Du trittst den Ball in Schritt 2 schräg nach vorn, sodass er in Schritt 3 auf den Zeh und nicht auf den Innenrist des linken Fußes trifft.

ISSY

Ich kann mich noch gut daran erinnern, wie ich diesen Pass gleich beherrschen wollte, als ich ihn zum ersten Mal sah.

Schritt 1

Den Ball mit rechts leicht nach rechts versetzt etwa in Hüfthöhe bringen.

Schritt 2

Jetzt langsam umdrehen und dabei das linke Bein nach hinten rechts schwingen, sodass der Ball auf der linken Wade landet.

Tipp

Langsam drehen, bis der Ball auf der Wade auftrifft.

Schritt 3

Weiterdrehen und das linke Bein schnell durchdrücken. Der Ball prallt von der Wade ab, bevor er auf den linken Fuß trifft und davonschießt.

Variante

Diese Variante erfordert ein unglaublich genaues Timing, aber das ganze Üben lohnt sich auf jeden Fall. Schritt 1 bleibt gleich, aber in Schritt 2 lässt man den Ball noch vom Rücken abprallen, bevor er auf der Wade landet.

Geheimnis

In Schritt 1 darf der Ball nicht zu nahe am Körper bleiben, damit genug Platz für den Trick zur Verfügung steht.

Häufiges Problem

Ich komme nie bis zu Schritt 3, der Ball fällt von der Wade immer nach unten.

Dein linkes Bein ist bereits gestreckt, wenn der Ball auftrifft. So kann er nicht zum linken Fuß hin abprallen.

DER ROLLER

Ich liebe diesen Pass, obwohl ich viele Male im Gesicht und an tiefer gelegenen Körperteilen getroffen worden bin, weil die betreffenden Spieler ihn nicht ordentlich gespielt hatten. Diesen Trick kann man anwenden, wenn man sich vom Tor entfernt.

Schritt 1

Die Spitze des rechten Fußes ruht auf dem Ball, der sich direkt hinter dir befindet.

Schritt 2

Die rechte Schuhsohle gleitet über den Ball, bis die Zehen den Boden berühren.

Schritt 3

Sobald die Zehen Bodenberührung haben, schlägst du den Ball in einer ruckartigen Bewegung mit der Ferse nach oben.

Variante

Diese Variante bietet eine fantastische Möglichkeit, einen Verteidiger ins Leere laufen zu lassen und einen Pass mit sich selbst zu spielen. Schritt 1 bleibt gleich, aber in Schritt 2 stößt du die Schuhspitze in den Boden, damit der Ball hochspringt. Jetzt nach vorn lehnen und die rechte Ferse hochschnellen lassen. Der Ball fliegt jetzt über deinen Kopf und den des Verteidigers. Du umläufst den Verteidiger, nimmst den Ball an und rufst »Ole!«

Geheimnis

Nicht zu schnell spielen! Bei ruhigen, fließenden Bewegungen fliegt der Ball weiter.

Tipp

Der Ball darf zu Beginn nicht zu weit hinter dir liegen. Deine Zehen sollten den Boden kurz hinter dem linken Fuß berühren.

Häufiges Problem

In Schritt 3 prallt der Ball von meiner Ferse ab und schießt davon, bevor ich ihn richtig treten kann.

Das passiert, wenn sich der Ball in Schritt 1 zu weit hinter dir befindet. Achte darauf, dass dein rechter Fuß noch hinter dem Körper ist, wenn die Zehen den Boden berühren.

Dribblings

Die Dribblings sind es, die den Fußball zu einem so wunderbaren Spiel machen. Jedes gelungene Dribbling freut die Zuschauer und gibt dem Spieler ein gutes Gefühl. Viel Spaß dabei!

Gesicht zum Verteidiger

ELASTICO

Berühmt wurde der Trick zwar durch Ronaldinho, doch lange vor dessen Geburt hat ihn schon ein anderer bekannter brasilianischer Nationalspieler angewandt: Rivelino.

Schritt 1

Der Ball liegt direkt vor dir. Den rechten Fuß anheben, sodass er sich über dem linken befindet.

Schritt 2

Den Ball leicht mit dem rechten Außenrist »streicheln«, sodass er leicht nach rechts rollt.

Tipp

In Schritt 1 ist es sehr wichtig, wo der Ball zu Beginn liegt – direkt vor dem Körper und nicht nach rechts versetzt.

Schritt 3

Jetzt den Ball in einer kurzen, schnellen Bewegung mit dem rechten Innenrist nach links schießen und den Verteidiger umlaufen.

Variante

Dieser Trick sieht am Boden schon gut aus, ist aber der absolute Hammer, wenn er in der Luft ausgeführt wird. Den Ball auf beliebige Art und Weise schnell nach oben direkt vor den Körper bringen und dann los. Kein Verteidiger der Welt kann etwas gegen den Air Elastico ausrichten – er müsste schon absolutes Glück haben!

Geheimnis

In Schritt 2 den Ball wirklich nur streicheln, sodass er sich kaum bewegt.

Häufiges Problem

Der Ball rollt immer nach vorn und nicht nach links.

Das passiert, wenn du den Ball in Schritt 2 zu hart triffst. Denk daran: Nur streicheln! Vielleicht hast du auch überhastet gespielt.

DER SLAP

Der Slap ist eins meiner beliebtesten Dribblings, mit dem man sogar den besten Verteidiger austricksen kann. Der Name kommt von dem lauten klatschenden Geräusch des Fußes, wenn er oben auf den Ball tritt.

Schritt 1

Den linken Fuß neben den Ball setzen und eine Körperhaltung einnehmen, als ob der Ball mit dem rechten Innenrist nach links gespielt werden soll.

Schritt 2

Den rechten Fuß mit der Innenseite auf den Ball setzen und mit dem linken Bein leicht nach links springen.

Tipp

In Schritt 2 nicht zu hart auf den Ball treten.

Schritt 3

Kontakt mit dem Ball halten und ihn mit der Sohle rollen. Den Fuß auf der anderen Seite des Balls so absetzen, dass er stoppt, wenn er auf den rechten Außenrist trifft. Jetzt in entgegengesetzter Richtung vom Verteidiger weglaufen.

Variante

Diese Variante ist raffiniert. Außer dass in Schritt 2 der Ball mit der rechten Fußspitze gespielt wird, bleibt alles gleich. Dieses Mal entfernt sich der Ball in Schritt 3 über deine Zehen vom Verteidiger, der nicht sicher ist, ob du abgespielt oder den Ball noch hast.

Geheimnis

Das Wichtigste ist auch das Einfachste – in Schritt 1 musst du den Verteidiger überzeugen, dass du abspielen willst.

Häufiges Problem

Ich schaffe es, aber in Schritt 3 gerate ich immer aus dem Gleichgewicht und kann nicht weglaufen.

Das liegt daran, dass du den kleinen Sprung in Schritt 2 vergisst. Wenn deine Beine vor Schritt 3 noch über Kreuz stehen, ist das sicher das Problem.

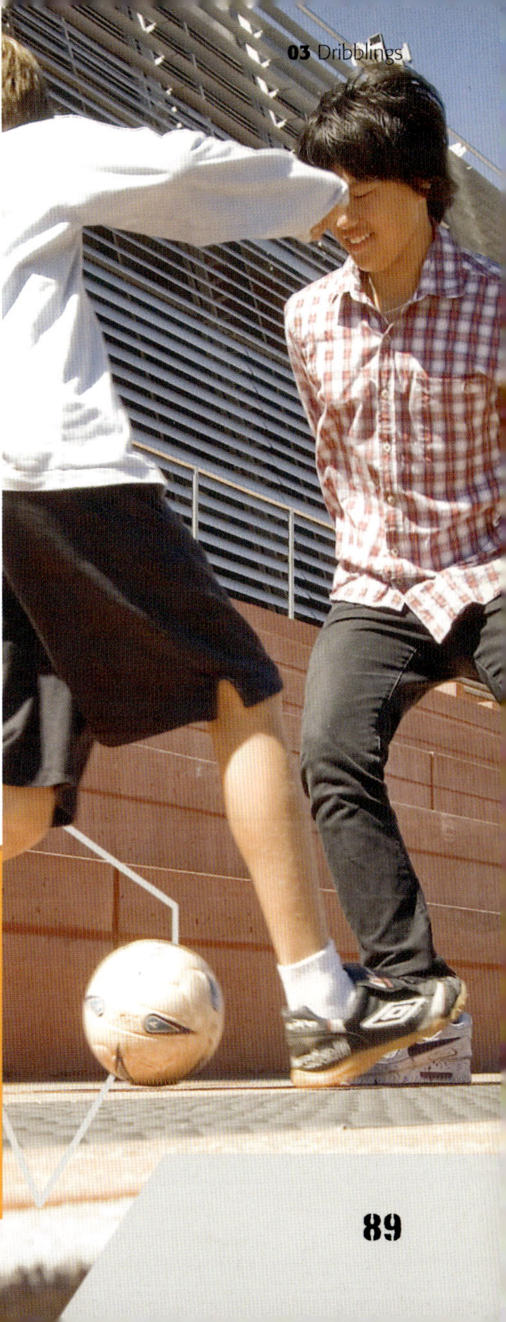

HOKUSPOKUS

Das ist einer der Tricks, wo jeder »Wow« ruft. Ich habe ihn nicht nur auf der Straße, sondern auch im Profifußball oft gesehen.

Schritt 1

Den linken Fuß über den direkt vor dem Körper ruhenden Ball führen und auf der anderen Seite aufsetzen.

Tipp

Nicht zu schnell spielen! Der Trick funktioniert am besten, wenn er ruhig und gleichmäßig ausgeführt wird.

Schritt 2

Den Ball mit dem rechten Innenrist antippen, sodass er hinter die linke Ferse rollt.

Schritt 3

Jetzt das rechte Bein hinten herumschwingen und den Ball mit dem rechten Außenrist antippen, sodass er vor dem linken Bein nach rechts rollt. Anschließend den völlig ahnungslosen Verteidiger umlaufen.

Variante

Der Unterschied im Vergleich zum Original ist nur minimal, ändert den Trick aber völlig. Alle Schritte bleiben gleich, aber nach Schritt 3 schwingt man den rechten Fuß um das linke Bein zurück und nimmt den Ball mit dem rechten Innenrist an.

Geheimnis

In Schritt 2 den Ball nur antippen, nicht richtig schießen.

Häufiges Problem

Der Ball rollt immer nach vorn und trifft den Verteidiger.

Das passiert, wenn du den Ball in Schritt 2 so antippst, dass er nur seitwärts rollt. Er muss auch eine Vorwärtsbewegung machen.

RONNY

Wenn dieser Trick in vollem Tempo ausgeführt wird, ist der Spieler nicht zu bremsen. Cristiano Ronaldo hat ihn perfektioniert und beherrscht ihn wie kein anderer.

Schritt 1

Im Laufen den Ball unter der rechten Schuhsohle vorwärts quer auf die andere Seite führen.

Tipp

Zu Beginn sollte sich der Ball in Schritt 1 möglichst weit rechts befinden. Je weiter er sich bewegt, desto wahrscheinlicher wird der Verteidiger ausgetrickst.

Schritt 2

Den Ball mit dem linken Innenrist vor dem Körper zurückspielen.

Häufiges Problem

Ich verliere immer die Kontrolle über den Ball.

Das kann leicht passieren, wenn man das ganze Dribbling zu schnell ausführt; schnell muss man nur in Schritt 1 sein. In Schritt 2 wird der Ball nur leicht angetippt, damit er leichter kontrolliert werden kann.

Schritt 3

Mit rechts einen Schritt nach vorn machen und den Ball hinter das rechte Bein rollen lassen, dann loslaufen und den Verteidiger links stehen lassen.

Variante

Es gibt eine Variante, bei der sogar der Verteidiger lachen muss. Er wird es nur nicht zeigen wollen. In Schritt 3 den Ball wieder leicht mit dem rechten Innenrist antippen, sodass er nach links rollt. Dieses Mal den Ball hinter das linke Bein rollen lassen.

Geheimnis

Nach Schritt 1 den rechten Fuß auf den Boden setzen, um mit links einen Schritt vorwärts machen zu können.

H&S

Ich liebe das Geräusch, das der Ball bei diesem Trick macht, wenn er den Fuß berührt. Die Bezeichnung kommt übrigens von den Teilen des Fußes, die dabei benutzt werden – Hacke & Spitze.

Schritt 1

Eine Körperhaltung einnehmen, als ob der Ball mit dem rechten Innenrist nach rechts gespielt werden soll.

Schritt 2

Den Ball leicht mit der Innenseite der rechten Ferse antippen, sodass er nach rechts rollt.

Tipp

Wenn ein Geräusch wie ein leichtes Klopfen zu hören ist, wird der Trick richtig ausgeführt.

Häufiges Problem

Das Geräusch ist da, aber der Ball rollt nach vorn und nicht nach links.

Du trittst den Ball in Schritt 2 zu hart, sodass der große Zeh in Schritt 3 nicht schnell genug herumkommt und den Ball nur noch nach vorn ablenken kann.

Schritt 3

Die rechte Fußspitze herumschnellen lassen und den Ball nach links schieben.

Variante

Diese Variante habe ich mal bei Cristiano Ronaldo in einem englischen Pokalendspiel gesehen. Die einzelnen Schritte waren gleich, aber er spielte den Ball mit der Außenseite der rechten Ferse und dem kleinen Zeh. Natürlich funktionierte auch das bei ihm.

Geheimnis

Den Fuß in Schritt 2 sehr langsam bewegen und den Verteidiger durch das Geräusch beim Abspielen des Balls irritieren.

ZORRO

Für dieses Dribbling brauchst du etwas Abstand zum Verteidiger. Die Zuschauer werden begeistert sein, und der Verteidiger steht da wie festgenagelt.

Schritt 1

Den Ball unter der rechten Schuhsohle vor den Körper führen und mit links über den Ball steigen.

Schritt 2

Das rechte Bein hinten herumschwingen und den Ball mit dem rechten Außenrist antippen, sodass er vor dem linken Bein nach rechts rollt.

Tipp

Der Ball braucht nicht schnell zu sein. Der Verteidiger wird nicht durch das Tempo des Balls, sondern durch die drei Richtungswechsel ausgetrickst.

Schritt 3

Das rechte Bein wieder zurückschwingen. Jetzt den Ball mit dem rechten Innenrist wieder nach links spielen – vorbei am Verteidiger, der sich wünschen wird, er wäre zu Hause geblieben.

Variante

Statt mit dem rechten Innenrist wird der Ball mit dem linken Außenrist gespielt.

Geheimnis

In Schritt 1 muss der Ball möglichst langsam geführt werden, sonst verlierst du vielleicht das Gleichgewicht und die Kontrolle.

Häufiges Problem

Ich komme einfach nicht am Verteidiger vorbei, sondern laufe immer seitwärts von ihm weg.

Du musst in Schritt 2 den Ball quer vor dem Körper spielen, nicht einfach nur vorwärts. Dadurch bleibst du auf geradem Weg zum Verteidiger und kommst in Schritt 3 an ihm vorbei.

KNIEFALL

Einen Trick wie diesen gibt es im Straßenfußball kein zweites Mal. Super, wenn er gelingt, aber peinlich, wenn Schritt 2 nicht klappt.

Schritt 1

Den Ball unter der rechten Schuhsohle vor den Körper führen und mit demselben Fuß einen Übersteiger machen.

Tipp

Beim Übersteiger in Schritt 1 darauf achten, dass du erst zwischen den Ball und deinen linken Fuß kommst, bevor du um den Ball herumgehst.

Schritt 2

Mit dem linken Bein auf den Ball knien.

Schritt 3

Aufstehen und gleichzeitig den Ball mit dem linken Innenrist hinter dem rechten Fuß nach rechts treten. Wenn du dann am Verteidiger vorbeiläufst, denkt der wahrscheinlich immer noch darüber nach, warum du auf dem Ball gekniet hast.

Variante

Diesen Trick gibt es kein zweites Mal. Man kann aber auch einen »Tunnel« daraus machen. Wenn du in Schritt 3 aufstehst und so tust, als wolltest du nach rechts laufen, spielst du stattdessen den Ball mit dem linken Innenrist vorwärts. Der Verteidiger sieht den Ball nicht und macht einen Schritt auf dich zu, sodass du ihn tunneln kannst.

Geheimnis

In Schritt 1 muss der Ball sehr langsam geführt werden, sonst ist Schritt 2 nicht möglich.

Häufiges Problem

Mein Knie rutscht vom Ball und knallt auf den Boden. Das tut ziemlich weh.

Du darfst dich in Schritt 2 nicht mit dem ganzen Gewicht auf den Ball knien, sondern nur so weit, dass er gestoppt wird.

ORIGINAL AKKA

Das Original und in meinen Augen nach wie vor das beste Dribbling – unkompliziert und unerwartet. Ich gebe zu, dass ich fast jedes Mal darauf hereinfalle, weil ich den Stoß mit dem Knie immer erst erahne, wenn es zu spät ist.

Schritt 1

Den Ball etwa in Hüfthöhe bringen. Er muss sich mittig und nahe am Körper befinden.

Schritt 2

Das rechte vor das linke Knie bringen und den Ball mit der Außenseite des rechten Knies nach rechts stoßen.

Tipp

Wie du den Ball in Hüfthöhe bekommst, ist egal, er darf sich aber in Schritt 2 nicht drehen.

Häufiges Problem

Ich bekomme in Schritt 3 den Ball nicht unter Kontrolle und trete manchmal sogar daneben.

Das passiert, wenn der Ball sich in Schritt 1 nicht mittig vor dem Körper befindet. Dann musst du in Schritt 2 das Knie weiter nach außen bringen, was auch Schritt 3 sehr schwierig macht.

Schritt 3

Nach links beugen – und den Ball noch in der Luft mit dem rechten Innenrist um den Verteidiger herumschieben. Dann den Verteidiger auf der anderen Seite umlaufen.

Variante

Das ist der Hammer! Alles bleibt gleich bis auf Schritt 3, in dem der Ball mit dem rechten Außenrist über den Kopf des Verteidigers gespielt wird. Der einzige Unterschied ist eigentlich, dass man zu Beginn etwas weiter vom Verteidiger entfernt sein muss, um ihn nicht im Gesicht zu treffen.

Geheimnis

Wenn die Knie in Schritt 2 gekreuzt sind, bekommst du Probleme mit dem Gleichgewicht.

TRUNDLE

Lange Zeit einer meiner Lieblingstricks – ich habe erst darauf verzichtet, als ich das Gefühl bekam, zu oft durchschaut zu werden. Ich mag ihn aber trotzdem immer noch sehr gern.

Schritt 1

Mit dem Ball rechts vor dir so tun, als ob du mit rechts einen Pass spielen willst. Stattdessen den Ball mit dem rechten hinter den linken Fuß ziehen.

Schritt 2

Den Ball leicht mit dem rechten Innenrist antippen, sodass er um den linken Fuß nach vorn rollt.

Tipp

Den Ball in Schritt 2 nur antippen, damit er problemlos mit der linken Schuhsohle gestoppt werden kann.

Schritt 3

Den Ball mit der linken Schuhsohle stoppen und zum Körper zurückziehen. Jetzt den Ball mit dem rechten Innenrist nach rechts am Verteidiger vorbeispielen.

Variante

Eine einfache, aber schicke Variante besteht darin, Schritt 1 und Schritt 2 beizubehalten, aber in Schritt 3 beim Zurückziehen des Balls mit dem linken Fuß einen Übersteiger um ihn zu machen. Das verleiht dem Ganzen nicht nur mehr Stil, sondern schützt auch den Ball vor einem Angriff.

Geheimnis

Am wichtigsten ist der angetäuschte Pass in Schritt 1. Wenn die Täuschung klappt, geht alles andere wie von selbst, weil der Verteidiger aus dem Gleichgewicht geraten ist.

Häufiges Problem

Der Verteidiger fällt nie darauf herein.

Achte darauf, den Ball in Schritt 2 nach vorn zu schieben. So glaubt der Verteidiger, du willst in diese Richtung. Wenn du den Ball dann seitwärts spielst, bewegt sich der Verteidiger nicht.

JJ

Dieser Trick wurde durch den nigerianischen Nationalspieler Jay-Jay Okocha bekannt. Jay-Jay lernte das Fußballspielen auf der Straße in Nigeria – und was war er für ein brillanter Spieler.

Schritt 1

Den Ball unter der rechten Schuhsohle vorwärts quer auf die andere Seite führen.

Tipp

Je weiter der Ball in Schritt 1 geführt wird, desto besser.

Schritt 2

Mit links einen großen Schritt nach vorn machen und den Ball zwischen den Beinen hindurchrollen lassen.

Schritt 3

Vom Verteidiger lösen und dem Ball nachlaufen.

Variante

Wer gemein sein will, kann Folgendes machen: Ein Verteidiger, der auf den JJ hereingefallen ist, dreht sich oft schnell um, um die Verfolgung aufzunehmen, kann aber während der Drehung für den Bruchteil einer Sekunde den Ball nicht sehen. In diesem Augenblick stoppt man den Ball mit der linken Schuhsohle und zieht ihn zurück. Anschließend passiert man den Verteidiger auf der anderen Seite und zeigt ihm ein freundliches Grinsen!

Geheimnis

Der Vorwärtsschritt in Schritt 2 muss wirklich übertrieben ausfallen, weil er es ist, mit dem der Verteidiger ausgetrickst wird.

Häufiges Problem

Der Verteidiger lässt sich täuschen, bekommt aber trotzdem den Ball.

Das liegt daran, dass der Ball in Schritt 1 nicht vorwärts gespielt wird. Wenn du den Ball vorwärts und seitwärts spielst, hat er den Verteidiger passiert, bevor dieser reagieren kann.

OVER & OUT

Ein absoluter Hammer, aber Vorsicht – ich bin beim letzten Schritt mal ausgerutscht und flach auf der Nase gelandet. Großes Gebrüll von Seiten der Zuschauer und Spieler, aber nicht von der Art, wie ich es erhofft hatte.

Schritt 1

Den Ball etwa in Hüfthöhe bringen.

Tipp

Wie du den Ball in Hüfthöhe bekommst, ist egal, er darf sich aber beim Aufprallen nicht drehen.

Schritt 2

Vorwärts über den Ball springen, wenn er herunterkommt.

Häufiges Problem

Der Ball fällt mir immer auf den Hinterkopf.

Das liegt daran, dass du dich zu früh nach vorn beugst, um zu sehen, wohin der Ball fliegt. Du kannst später nach dem Ball sehen, wenn du am Verteidiger vorbeiläufst.

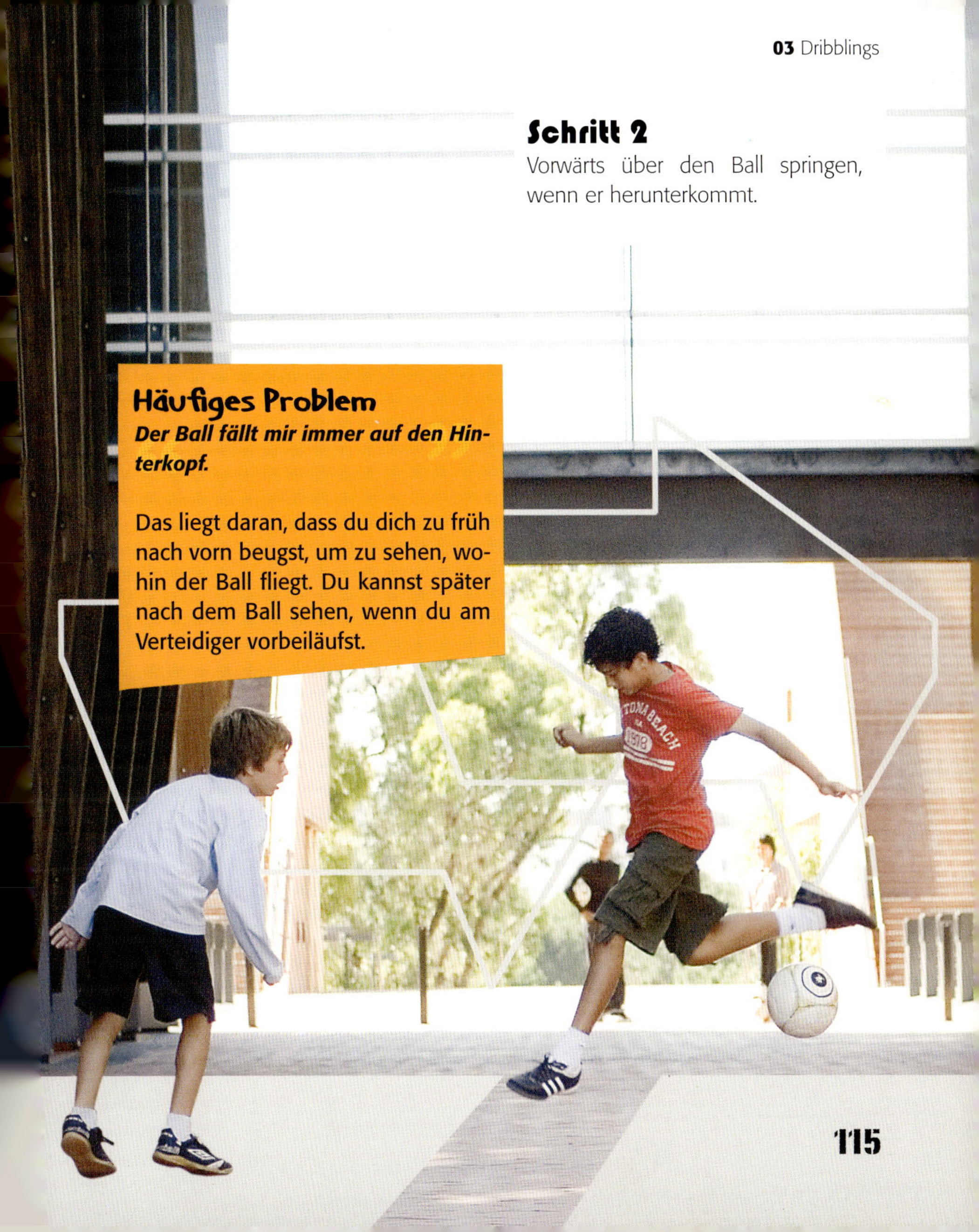

Schritt 3

Den Ball aufspringen lassen und mit dem rechten Spann Richtung Boden treten. Der Ball springt jetzt über deinen Kopf und den des Verteidigers. Ihn kannst du auf einer beliebigen Seite umlaufen.

Variante

Dies ist eine großartige Variante: Schritt 1 bleibt gleich, aber in Schritt 2 bringst du nur das linke Bein über den Ball. Den Ball nach dem Aufspringen mit dem rechten Spann Richtung Boden treten, sodass er über den Kopf des Verteidigers springt.

Geheimnis

Je höher der Ball in Schritt 3 aufspringt, desto größer ist die Chance, dass der Verteidiger ihm nur noch tatenlos hinterhersehen kann.

Rücken zum Verteidiger

TAP TAP

Dieser Trick hat alles, was man im Straßenfußball erwarten kann. Der Ball ändert mehrfach die Richtung, und der Verteidiger weiß nie, wohin er sich wenden soll. Er muss ratlos stehenbleiben.

Schritt 1

Den Ball unter der rechten Schuhsohle quer auf die andere Körperseite führen.

Schritt 2

Einen kleinen Schritt nach links machen und den Ball mit dem linken Innenrist wieder zurückspielen.

Tipp

Je weiter der Ball sich in Schritt 1 bewegt, desto leichter lässt sich der Verteidiger austricksen.

Schritt 3

Den Ball wieder leicht mit dem rechten Innenrist antippen, sodass er hinter das linke Bein rollt. Abdrehen und den Ball mit dem rechten Innenrist am Verteidiger vorbeispielen.

Variante

Mit einer kleinen Änderung sieht dieser Trick gleich ganz anders aus. Schritt 1 und 2 bleiben gleich, aber in Schritt 3 rollt man den Ball mit der rechten Schuhsohle rückwärts und dreht sich zum Verteidiger um. Anschließend spielt man den Ball mit dem rechten Innenrist an ihm vorbei.

Geheimnis

Der kleine Schritt nach links in Schritt 2 ist sehr wichtig, um den Verteidiger zu täuschen. Er muss daher möglichst übertrieben dargestellt werden.

Häufiges Problem

Ich schaffe es, aber der Verteidiger nimmt mir trotzdem immer den Ball ab.

Es reicht nicht, den Trick auszuführen – man muss ihn auch richtig verkaufen. Der Ball muss zu Beginn weit rechts liegen und dann weit nach links rollen, bevor er in Schritt 2 zurückgespielt wird. Das bringt den Verteidiger aus der Ruhe, sodass er sich austricksen lässt.

DOUBLE DUTCH

Wenn dieser Trick schnell genug ausgeführt wird, merkt der Verteidiger nicht einmal, dass er ausgespielt worden ist.

Schritt 1

Den Ball zurück zum Körper ziehen und mit dem rechten Innenrist antippen, sodass er hinter das linke Bein rollt.

Tipp

Die Drehung muss schnell erfolgen, während Schritt 1 langsam und kontrolliert passieren muss.

Schritt 2

Schnell auf dem linken Bein zum Verteidiger umdrehen.

Häufiges Problem

Der Ball bleibt immer am Verteidiger hängen.

Der Ball darf in Schritt 1 nur leicht angetippt werden. Wenn er stärker getreten wird, ist er in Schritt 3 zu weit entfernt. Dann wird der Verteidiger getroffen.

Schritt 3

Den Ball mit dem rechten Innenrist vor dem Körper auf die andere Seite und am Verteidiger vorbeispielen.

Variante

Eine wirklich fantastische Abwandlung besteht darin, Schritt 1 und 2 beizubehalten, in Schritt 3 aber den Ball mit dem linken Außenrist am Verteidiger vorbeizuschieben.

Geheimnis

Dieser Trick klappt nur, wenn der Abstand zum Verteidiger groß genug ist.

DRAGS

Ein cooler Trick, bei dem der Verteidiger glaubt, er habe alles unter Kontrolle – bis er checkt, dass das nicht so ist, ist er bereits ausgespielt.

Schritt 1

Der rechte Fuß ruht auf dem Ball, der nach hinten zum Körper gezogen wird.

Schritt 2

Auf dem linken Bein drehen, sodass die rechte Schulter zum Verteidiger zeigt. Den Ball mit der Schuhsohle stoppen und zum Körper ziehen.

Tipp

Der Verteidiger darf nicht zu nahe sein, weil für die Drehung und das Zurückziehen des Balls etwas Platz benötigt wird.

Häufiges Problem

Der Verteidiger bringt mich in der Drehung immer aus dem Gleichgewicht.

Wenn der Verteidiger nahe genug ist, um dir einen Stoß zu versetzen, ist sowieso nicht genug Platz für diesen Trick vorhanden.

Schritt 3

Auf dem linken Bein zum Verteidiger umdrehen und den Ball mit dem rechten Innenrist an ihm vorbeischieben.

Variante

Mit ausreichend Selbstvertrauen kann man bei diesem Trick auch einen Beinschuss anbringen. Schritt 1 und 2 bleiben gleich, aber wenn der Verteidiger das Bein ausstreckt, um den Ball zu erreichen, ergibt sich eine perfekte Gelegenheit, ihn mit dem rechten Innenrist zu tunneln.

Geheimnis

Den Ball in Schritt 1 langsam und weit genug nach hinten ziehen, um den Verteidiger zum Angriff zu verleiten – bis er so weit ist, befindet sich der Ball schon wieder woanders.

OTT

Das ist einer der Tricks, die garantiert jeden Verteidiger verrückt machen, weil sie so einfach zu verhindern wären, wenn man sie im Ansatz erkennen könnte. Natürlich ist es meistens schon zu spät ...

Schritt 1

Den Ball etwa in Hüfthöhe bringen.

Schritt 2

Langsam nach links abdrehen, während der Ball noch in der Luft ist.

Tipp

In Schritt 1 bringst du den Ball idealerweise so in die Luft, dass der Körper zwischen Ball und Verteidiger bleiben kann. Dadurch ist dem Verteidiger die Sicht versperrt.

Schritt 3

Das rechte Bein nach hinten führen und den Ball mit der Ferse über den Kopf des Verteidigers spielen. Schnell weiter um den Verteidiger herumdrehen und den Ball unter dem Jubel der Zuschauer annehmen.

Variante

Dieser großartige Trick lässt sich in einen großartigen Beinschuss verwandeln, aber dafür muss der Verteidiger auf die Drehung hereinfallen. In Schritt 3 den Ball mit der rechten Schuhsohle auf dem Boden »festnageln« und anschließend dem Verteidiger rückwärts durch die Beine spielen.

Geheimnis

Je höher der Ball in Schritt 1 kommt, desto leichter ist der Trick.

Häufiges Problem

Der Ball bleibt immer am Verteidiger hängen.

In Schritt 1 darf sich der Ball in der Luft nicht drehen. Wenn das passiert, prallt er vielleicht von der Ferse ab und trifft den Verteidiger.